KB206583

하나님은
사랑이시라

하나님은 사랑이시라

● 최현식 지음 ●

nomad
지식노마드

왜 필사여야 하는가

우린 지금 힘겨운 시대에 진입했습니다. 이제 초입이기 때문에 이 힘
겨움이 얼마나 오랫동안 지속될지, 감을 잡을 수 없습니다. 그러나
분명한 점은 우리가 지금까지 한 번도 경험하지 못한 저성장을 경험
해야 한다는 것이고 불확실한 점은 그 기간이 어느 정도일지 얼마만
큼의 깊이로 다가올 것인지 알 수 없다는 것입니다.

그렇다면 그리스도인들은 이런 힘겨운 시대를 어떻게 극복해야 할까
요? 저는 두 가지라고 봅니다. 하나는 차별화된 생존전략입니다. 물
론 세상과 똑같은 방식이어서는 안 됩니다. 세상은 내가 살기 위해
타인의 어깨를 밟고 가도 눈 감아 주고 그렇게 하는 것이 지혜로운 것
이라고 말합니다. 그러나 그리스도인들은 주님을 따르기에 정면 승
부를 하되 철저히 복음적이며 견주어 뒤쳐지지 않는 실력으로 승부
해야 합니다. 실력 없이 요행을 바라거나 남의 뒤통수를 치는 비열함
으로 승부수를 띄운다면 그리스도인답지 못한 것이라고 말하고 싶
습니다.

다른 하나는 복음, 즉 말씀입니다. 그리스도인들이 말씀을 붙들지

않으면 누가 붙들겠습니까. 힘겹고 어려울수록 우리는 복음 앞에 엎드려 말씀을 붙들고 살아야 정상입니다. 그런데 많은 그리스도인들이 정상적이지 않습니다. 오히려 비정상이 정상으로 여겨지는 시대가 되고 있습니다.

그렇다면 어떻게 말씀을 붙들어야 할까요? 몇 가지 방법이 있습니다. 첫째는 여러분이 다니는 교회의 예배, 성경공부, 소그룹 등에 참석하는 것입니다. 이런 모임을 통해 충분히 살아계신 하나님의 말씀을 들을 수 있고, 이 말씀을 통해 훈련되고 하나님의 인도하심을 경험할 수 있습니다. 조건은 무조건 여러분이 출석하는 교회여야 하고 다른 교회는 절대 안 된다는 것입니다. 두 번째는 말씀을 써 보는 것입니다. 말씀을 쓴다는 것은 굉장히 더딘 작업이고 지지부진한 일일수 있습니다. 그러나 말씀을 한자 한자 적는다는 것은 단순한 노동을 넘어 여러분의 마음에 하나님의 말씀을 새겨 넣는 값진 경험입니다. 신명기 6장 6~9절에 말씀하셨습니다.

"오늘 내가 네게 명하는 이 말씀을 너는 마음에 새기고 네 자녀에게 부지런히 가르치며 집에 앉았을 때에든지 길을 갈 때에든지 누워 있을 때에든지 일어날 때에든지 이 말씀을 강론할 것이며 너는 또 그것을 네 손목에 매어 기호를 삼으며 네 미간에 붙여 표로 삼고 또 네 집 문설주와 바깥 문에 기록할지니라"

물론 필사가 하나님의 말씀을 새기는 최선이자 최고의 방법이라는 것은 아닙니다. 또한 신명기 말씀이 문자적으로 새기는 것을 의미한다는 뜻도 아닙니다. 중요한 점은 하나님께서 말씀을 붙들고 살라고 말씀하셨기에 우리도 최선을 다하여 말씀을 붙들어야 한다는 것입니다. 저는 필사라는 방식이 마음에 하나님의 말씀을 진지하게 새기는 좋은 방법 중 하나임을 강조하고 싶습니다.

특별히 이번 필사 시리즈는 기존의 방식과 달리 주제별로 묶었습니다. 창세기부터 요한계시록까지 성경의 순서대로 필사하던 기존 방식을 발전시켜 주제별로 필사를 엮은 것은 같은 주제를 가지고 필사를 하면 다음과 같은 효과적인 점이 있기 때문입니다.

첫째, 한 가지 주제를 진지하게 묵상할 수 있습니다.

둘째, 단순히 적는다는 경험을 마음에 새긴다는 깊이를 경험할 수 있습니다.

셋째, 상황에 맞는 주제로 접근하여 필요할 때마다 묵상이 가능합니다. 이 외에도 많은 장점이 있겠지만 주제별 필사를 통해 여러분 모두가 좋은 경험을 얻게 될 것이라 믿습니다.

이번 주제가 하나님의 사랑이라는 점도 의미가 있습니다. 서두에 언급했던 것처럼 지금은 영적 위기의 시대이자 저성장 시대의 초입입니다. 영적 타락과 저성장이 진행될수록 우리 삶은 더 버겁고 힘들어집니다. 이럴 때일수록 그리스도인이 기억해야 할 것은 하나님의 크신 사랑입니다. 하나님의 사랑은 변하지 않는 사랑이며, 하나님은 사랑 그 자체이십니다. 이러한 하나님의 사랑이 우리를 일으키고 회복시킬 것입니다. 그래서 우리는 더욱 하나님의 사랑에 의지해야 합니다. 이번 필사를 통해 하나님의 사랑을 마음에 새기고 그리스도인답게 어려움을 이겨내는 은혜가 있길 기도합니다.

역삼에서 최현식 목사

성경 필사 활용법

1. 새 가족을 맞이하거나 전도할 때 선물하면 좋습니다. 새 가족이나 전도해야 할 분들에게 성경을 선물하는 것은 받으시는 분도 부담스럽게 느낄 수 있습니다. 이때 집약된 하나님의 말씀을 주제별로 선택해 선물한다면 어떨까요? 받으시는 분들도 말씀을 읽거나 쓰며 하나님의 살아 계심을 알게 될 것입니다.

2. 훈련용으로 사용하면 좋습니다. 훈련자들이 필사를 통해 하나님의 말씀을 마지막으로 정리하는 시간을 갖게 하면 좋습니다. 한 글자 한 글자 눌러 쓰며 묵상하고 돌아보며 주신 은혜를 점검하고 다짐하는 시간이 될 것입니다.

3. 셀원들끼리 함께 필사해도 좋습니다. 같은 공동체에서 같은 마음으로 필사하며 주신 은혜를 나눈다면 은혜가 더욱 풍성해질 것입니다. 주제별로 정리되었기 때문에 서로 하나 될 수 있는 시간이 될 것입니다.

4. 수련회 때 필사해 보세요. 식사 때마다 요절을 암송했습니다. 이제 써보는 것도 좋은 방법이 될 것입니다. 손으로 눌러 쓰고 외워 본다면 더 큰 은혜가 있지 않을까요?

5. 자신을 돌아보는 필사의 시간을 가져보세요. 필사하며 자신의 신앙을 점검하고 은혜를 확인하는 시간이 될 것입니다. 하루를 마무리하기 전 짧은 시간이지만 필사하면 큐티와는 또 다른 은혜가 있을 것입니다.

6. 써서 전해 주세요. 내 손으로 필사 책을 눌러 써서 전해 보세요. 기도하며 써 내려간 당신의 깊이만큼 하나님이 기뻐하실 것입니다. 상대방에게 전해지는 감동도 두 배가 될 것입니다. 손으로 기도하고 마음으로 기도하면 좋겠습니다.

7. 특별새벽기도회의 감동을 펜으로 누리세요. 특별새벽기도회는 축복입니다. 기도회를 마치고 집에 돌아와 주신 은혜를 정리하며 말씀을 써 보세요. 하나님의 마음을 경험하게 될 것입니다.

차례

주의 말씀은 내 발에 등이요 내 길에 빛이니이다

시편 119:105

01

하나님은
사랑이시다

하나님은 사랑이시다

하나님은 사랑 그 자체입니다. 더할 것도 없고 뺄 것도 없이 그냥 사랑이십니다. 요한1서 4장 16절에서 당신을 얼마나 사랑하시는지 말씀하십니다. "하나님이 우리를 사랑하시는 사랑을 우리가 알고 믿었노니 하나님은 사랑이시라 사랑 안에 거하는 자는 하나님 안에 거하고 하나님도 그의 안에 거하시느니라"

사랑이야말로 하나님이 인간에게 주신 가장 큰 선물입니다.

사랑이신 하나님께서 우리를 사랑하사 우리 죄를 속하기 위해 화목제물로 그 아들을 보내시어 우리에 대한 하나님의 사랑을 확증하셨습니다. 그 사랑으로 오신 예수님께서 "내가 너희를 사랑한 것 같이 너희도 서로 사랑하라"(요한복음 13:34)는 새 계명으로 우리 삶을 바꾸어 놓으셨습니다.

이런 사랑의 하나님께서는 세상에서 지친 당신을 위로하시고 보호하시며 당신에게 은혜를 베푸십니다. 지나치지도 부족하지도 않은 하나님의 사랑은 당신을 향해 있습니다. 그러니 힘들고 지칠 때, 깊고 넓은 하나님의 크신 사랑 안으로 들어오세요. 말로 다 표현할 수 없는 그 사랑 안에서 당신은 분명 회복될 것이고 하나님의 놀라운 도우심을 경험하게 될 것입니다.

하나님의 사랑은 위로다

"위로하여라 네가 아플 때 내가 너를 위로했듯이
눈물 닦아 주어라 네가 울 때 내가 네 눈물 닦아 줬듯이
사랑은 나로 말미암은 은총
사랑은 나로 말미암은 선물
사랑은 나로 말미암은 긍휼
사랑하라 사랑하라"[1]

사랑은 지극히 큰 위로입니다. 고린도후서 2장 4절도 말합니다.
"내가 마음에 큰 눌림과 걱정이 있어 많은 눈물로 너희에게 썼노니
이는 너희로 근심하게 하려 한 것이 아니요 오직 내가 너희를 향하여
넘치는 사랑이 있음을 너희로 알게 하려 함이라"
위로의 하나님이 힘들고 지쳐 쓰러져 잠든 당신의 어깨를 토닥이며
말씀하실 것입니다.
"너를 향한 넘치는 사랑으로 내가 너의 눈물을 닦아 줄 것이다."

너희가 나를 택한 것이 아니요 내가 너희를 택하여 세웠나니

이는 너희로 가서 열매를 맺게 하고 또 너희 열매가 항상 있게 하여

내 이름으로 아버지께 무엇을 구하든지 다 받게 하려 함이라

내가 이것을 너희에게 명함은 너희로 서로 사랑하게 하려 함이라

. . . .

당신이 하나님을 선택한 것이 아니라 하나님이 당신을 택하여 세우셨습니다. 그렇기에 당신은 절대 무너질 수 없습니다.

유월절 전에 예수께서 자기가 세상을 떠나

아버지께로 돌아가실 때가 이른 줄 아시고

세상에 있는 자기 사람들을 사랑하시되

끝까지 사랑하시니라

. . . .

배신당하실 것을 아셨음에도 그런 제자들을 아끼신 분이 예수님이십니다. "내가 결코 너희를 버리지 아니하고 너희를 떠나지 아니하리라"(히브리서 13:5)고 하셨습니다. 어떤 상황에도 주님은 당신을 떠나지 않으십니다.

너희가 나를 택한 것이 아니요 내가 너희를
택하여 세웠나니 이는 너희로 가서 열매를 맺게
하고 또 너희 열매가 항상 있게 하여 내 이름으로
아버지께 무엇을 구하든지 다 받게 하려 함이라
내가 이것을 너희에게 명함은 너희로 서로
사랑하게 하려 함이라

유월절 전에 예수께서 자기가 세상을 떠나
아버지께로 돌아가실 때가 이른 줄 아시고
세상에 있는 자기 사람들을 사랑하시되
끝까지 사랑하시니라

어머니가 자식을 위로함 같이 내가 너희를 위로할 것인즉

너희가 예루살렘에서 위로를 받으리니

· · · · · · · · · · · · · · · · · · ·

'위로하다'라는 동사가 세 번 반복되어 사용되었습니다. 히브리어에서 3은 완전함을 상징합니다. 하나님의 위로는 충분하고도 완전한 위로임을 말합니다.

우리 주 예수 그리스도와 우리를 사랑하시고

영원한 위로와 좋은 소망을 은혜로 주신

하나님 우리 아버지께서

너희 마음을 위로하시고 모든 선한 일과 말에

굳건하게 하시기를 원하노라

· · · · · · · · · · · · · · · · · · ·

하나님은 당신을 위로하시길 원하십니다. 주님만이 당신을 위로하실 수 있습니다.

하나님의 사랑은 보호다

하나님께서 보호하시지 않았다면 우리는 한순간도 버틸 수 없었을 것입니다. 지금 이 순간에도 하나님은 당신의 반석이시고 요새이시고, 피할 바위와 방패 되시며 산성 되시기를 기뻐하십니다. 그리고 주저함 없이 당신을 끝까지 지켜주시길 자원하십니다. 그러니 잠깐 힘을 빼고 멈추어 보세요. 당신이 힘주어 스스로 방어하지 않아도 그분의 손길이 당신을 안전하게 지키실 것입니다. 이스라엘이 권능의 손에 인도되었듯이 당신도 인도받길 기도합니다.

주께 피하는 자들을 그 일어나 치는 자들에게서

오른손으로 구원하시는 주여

주의 기이한 사랑을 나타내소서

....

하나님이 지키시기로 약속하셨으니 주께 피하세요. 주님이 오른손으로

당신을 품으실 것입니다.

나의 힘이신 여호와여 내가 주를 사랑하나이다

여호와는 나의 반석이시요 나의 요새시요

나를 건지시는 이시요 나의 하나님이시요

내가 그 안에 피할 나의 바위시요 나의 방패시요

나의 구원의 뿔이시요 나의 산성이시로다

....

다윗이 사울과 원수들의 손에서 구원받은 날의 고백입니다. 하나님은 끝

까지 책임지십니다.

여호와께서 다만 너희를 사랑하심으로 말미암아,

또는 너희의 조상들에게 하신 맹세를 지키려 하심으로 말미암아

자기의 권능의 손으로 너희를 인도하여 내시되

너희를 그 종 되었던 집에서 애굽 왕 바로의 손에서 속량하셨나니

....

"그가 나를 사랑한 즉 내가 그를 건지리라"(시편 91:14)고 말씀하셨습니다.

당신이 주님을 사랑한다면 당신이 위험과 곤경에 처했을 때 분명 하나님

께서 당신을 건지실 것입니다.

너희 중 한 사람이 천 명을 쫓으리니

이는 너희의 하나님 여호와 그가 너희에게 말씀하신 것 같이

너희를 위하여 싸우심이라

그러므로 스스로 조심하여

너희의 하나님 여호와를 사랑하라

....

세상의 영적 전쟁은 당신에게 속한 것이 아니라 하나님께 속하였습니다.

그분이 당신을 위하여 싸우실 것입니다. 그분께 맡기세요.

하나님이여 주의 인자하심이 어찌 그리 보배로우신지요

사람들이 주의 날개 그늘 아래에 피하나이다

그들이 주의 집에 있는 살진 것으로 풍족할 것이라

주께서 주의 복락의 강물을 마시게 하시리이다

....

어미 닭이 그 새끼를 날개 아래 품듯이 하나님께서 우리를 보호하십니다. 하나님의 은혜와 사랑 앞에 나아가길 원합니다.

하나님의 사랑은 은혜다

위로 향하는 사랑은 경배요, 옆으로 가로지르는 사랑은 애정이며, 아래로 향하는 사랑이 은혜입니다.[2] 주의 크신 은혜가 아니었다면 우리가 어찌 살 수 있었겠습니까. 우리는 매일 삶에서 강물 같은 은혜를 경험합니다. 그 은혜가 나를 살리고 나를 붙들고 나를 지킵니다. 분명한 사실은 이 은혜는 어느 때든 당신이 믿고 의지할 수 있는 변함없는 은혜라는 것입니다. 바울의 고백처럼 우리가 살 수 있는 것은 우리가 한 것이 아니요 오직 우리와 함께하신 하나님의 은혜로 인한 것입니다. 그 은혜가 당신을 온전히 에워싸고 있습니다.

그러나 내가 나 된 것은 하나님의 은혜로 된 것이니

내게 주신 그의 은혜가 헛되지 아니하여

내가 모든 사도보다 더 많이 수고하였으나

내가 한 것이 아니요

오직 나와 함께 하신 하나님의 은혜로라

....

은혜 앞에 겸손하게 되는 것이 당연합니다. 내가 나 된 것은 모두 하나님의 은혜일 따름입니다.

나를 사랑하고 내 계명을 지키는 자에게는

천 대까지 은혜를 베푸느니라

....

하나님의 분명한 약속임을 잊지 마세요. 주님을 사랑하고 주님의 말씀을 지키는 자는 천 대까지 은혜를 경험할 것입니다.

요엘 2:13

너희는 옷을 찢지 말고 마음을 찢고

너희 하나님 여호와께로 돌아올지어다

그는 은혜로우시며 자비로우시며 노하기를 더디하시며

인애가 크시사 뜻을 돌이켜 재앙을 내리지 아니하시나니

구약시대 이스라엘 백성은 극한 슬픔에 처할 때, 억울한 일을 당할 때, 하나님께 회개할 때 옷을 찢곤 했습니다. 야곱도 요셉의 죽음에 옷을 찢었고, 아이 성 패배 때 여호수아도 옷을 찢었으며, 아합 왕이 하나님의 경고를 들었을 때도 회개하는 마음으로 옷을 찢었습니다. 당신도 마음의 옷을 찢을 수 있다면 더욱 크신 하나님의 은혜를 경험하게 될 것입니다. 지금은 찢을 때입니다.

역대하 30:9

너희가 만일 여호와께 돌아오면 너희 형제들과 너희 자녀가

사로잡은 자들에게서 자비를 입어 다시 이 땅으로 돌아오리라

너희 하나님 여호와는 은혜로우시고 자비하신지라

너희가 그에게로 돌아오면 그의 얼굴을 너희에게서 돌이키지

아니하시리라 하였더라

하나님께 돌이키면 주님의 은혜와 자비로 당신을 품어 주실 것입니다.

36

37

02

사랑을
나에게
찾다

사랑을 나에게 찾다

하나님은 사랑할 사람이 단 한 명밖에 없는 것처럼 우리 각자를 사랑하십니다.[3]

당신이 자신을 사랑하는 것보다 하나님은 당신을 더 사랑하십니다. 일이 잘 풀리지 않고 인정받지 못해 답답해 할 때에도 '내가 왜 이렇게 살아야 하나' 한탄하고 있을 때에도 하나님은 당신을 사랑하셨습니다. 스스로를 원망할 때도 하나님은 한 번도 당신을 가치 없게 여겨본 적이 없으십니다. 언제까지나 보배롭고 존귀하게 여기며 당신을 지그시 바라보시고 기도하십니다. 그 사랑을 하나님은 요나의 박 넝쿨로 보여 주셨습니다. 아무리 악하고 추악해 보이더라도 버리지 않는 사랑입니다. 당신도 이 사실을 잘 알고 있으리라 믿습니다. 당신이 불렀던 찬양의 가사를 기억해 보세요.

"그 사랑 얼마나 아름다운지 그 사랑 얼마나 날 부요케 하는지 그 사랑 얼마나 크고 놀라운지를 그 사랑 얼마나 나를 감격하게 하는지."[4]

그 사랑이 바로 당신이란 존재를 너무 사랑하시는 하나님 아버지의 사랑입니다.

사랑이 없으면

이 세상에 사랑이 없다면? 하나님이 사랑이 아니시라면? 누군가 당신을 사랑하지 않는다면? 이런 생각이 떠오를 때마다, 사랑이 없다면 세상이 얼마나 삭막하고 끔직하고 무서울까라는 두려움이 생깁니다. 사도 바울은 사랑이 없으면 "내가 내게 있는 모든 것으로 구제하고 또 내 몸을 불사르게 내줄지라도"(고린도전서 13:3) 아무 유익이 없다고 했습니다. 사랑이 없는 곳에는 시기와 질투, 다툼과 미움, 교만과 무례와 악한 것으로 가득합니다. 그러므로 사랑은 가장 큰 축복임에 틀림없습니다. 지금 사랑하세요.

요한1서 2:15~17

이 세상이나 세상에 있는 것들을 사랑하지 말라

누구든지 세상을 사랑하면

아버지의 사랑이 그 안에 있지 아니하니

이는 세상에 있는 모든 것이 육신의 정욕과 안목의 정욕과

이생의 자랑이니 다 아버지께로부터 온 것이 아니요

세상으로부터 온 것이라

이 세상도, 그 정욕도 지나가되

오직 하나님의 뜻을 행하는 자는 영원히 거하느니라

⋯⋯⋯⋯⋯⋯⋯

진정한 사랑을 발견하지 못하면 사랑하지 말아야 할 것들에게서 사랑을 찾게 됩니다. 그때부터 공허한 자랑을 늘어놓게 됩니다. 요한은 아주 생생한 어휘를 사용해서 말합니다. 알라조네이아alazoneia에서 파생된 단어가 알라존alazon인데 이 말은 허풍선이, 사기꾼을 뜻합니다. 자기 것이 아니면서 자신의 것인 양 주장하는 사람들을 알라존이라고 부릅니다. 깊이 있는 사랑은 허풍을 떨 시간도, 자랑할 틈도, 떠벌릴 여유도 없습니다. 진정한 사랑만으로도 벅찬걸요.

이 세상이나 세상에 있는 것들을 사랑하지 말라
누구든지 세상을 사랑하면 아버지의 사랑이
그 안에 있지 아니하니 이는 세상에 있는
모든 것이 육신의 정욕과 안목의 정욕과
이생의 자랑이니 다 아버지께로부터 온 것이
아니요 세상으로부터 온 것이라
이 세상도, 그 정욕도 지나가되
오직 하나님의 뜻을 행하는 자는
영원히 거하느니라

디모데후서 3:2~4

사람들이 자기를 사랑하며 돈을 사랑하며

자랑하며 교만하며 비방하며 부모를 거역하며

감사하지 아니하며 거룩하지 아니하며

무정하며 원통함을 풀지 아니하며

모함하며 절제하지 못하며

사나우며 선한 것을 좋아하지 아니하며

배신하며 조급하며 자만하며

쾌락을 사랑하기를 하나님 사랑하는 것보다 더하며

- - - - - - - - - - - - - - - - -

사랑이 깨지는 순간이 자기중심의 소용돌이에 갇히게 되는 순간임을 아십니까? 자기를 사랑하는 것이 좋은 의미이기도 하지만 자기만 사랑하는 것은 죄가 될 수도 있습니다. 자기만 사랑하면 하나님과의 관계도 파괴되고 이웃과의 관계도 붕괴되고 맙니다. 예수 그리스도의 사랑이 없으면 바로 이런 증상이 나타날 것입니다. 주님의 사랑이 있을 때에야 사랑의 완성도가 높아집니다. 오늘도 진정한 사랑을 꿈꾸셨으면 좋겠습니다.

47

나를 향한 하나님의 사랑

하나님의 사랑은 끝이 없습니다. 어떤 경우에도 우리를 포기하지 않으시는 사랑이며 한결같은 영원한 사랑입니다. 세상이 변하고 사람들이 당신을 버리고 떠나도, 하나님의 사랑은 당신을 붙들고 세웁니다. 세상의 사랑에 귀 기울이지 말고 하나님의 사랑에 집중해 보세요. 하나님의 사랑이 당신을 반드시 일으켜 세우실 것을 믿습니다. 당신을 향한 주의 사랑이 산과 바다에 넘치니 그의 사랑이 당신을 자유롭게 할 것입니다.

요한1서 4:16

하나님이 우리를 사랑하시는 사랑을 우리가 알고 믿었노니

하나님은 사랑이시라

사랑 안에 거하는 자는 하나님 안에 거하고

하나님도 그의 안에 거하시느니라

....

"하나님은 사랑이시라"는 말씀 이외에 더 필요한 것이 무엇이겠습니까.

하나님은 그 본질에서부터 사랑이십니다. 사랑으로 말미암아 세상을 창

조하셨고 사랑으로 말미암아 인간이 되셨습니다.[5]

시편 91:14

하나님이 이르시되 그가 나를 사랑한즉 내가 그를 건지리라

그가 내 이름을 안즉 내가 그를 높이리라

....

하나님께서 말씀하십니다. "나를 사랑하는 자를 구원할 것이다. 내 이름

을 높이는 자를 내가 보호해 줄 것이다."

요나 4:10~11

여호와께서 이르시되 네가 수고도 아니하였고

재배도 아니하였고

하룻밤에 났다가 하룻밤에 말라 버린

이 박넝쿨을 아꼈거든

하물며 이 큰 성읍 니느웨에는

좌우를 분변하지 못하는 자가 십이만여 명이요

가축도 많이 있나니

내가 어찌 아끼지 아니하겠느냐 하시니라

. . . .

악한 사람이라도 하나님의 형상으로 지음 받았기에 하나님은 그들조차

사랑하십니다. 하나님의 사랑은 정의를 뛰어넘습니다.

하나님의 사랑은 구원

하나님이 우리를 사랑하시는 가장 적극적인 표현이 구원입니다. 당신을 너무 사랑하고 존귀하게 여기셨기에 하나밖에 없는 아들 예수 그리스도를 세상에 보내시어 십자가를 지게 하셨습니다. 이보다 더 값지고 더 의미 있는 사랑은 이 세상에 존재하지 않습니다. 아들을 포기하면서까지 당신을 사랑하셨습니다. 당신은 그만큼 귀하고 귀한 존재입니다.

요한1서 4:9

하나님의 사랑이 우리에게 이렇게 나타난 바 되었으니

하나님이 자기의 독생자를 세상에 보내심은

그로 말미암아 우리를 살리려 하심이라

....

우리를 살리시는 사랑은 곧, 당신이 살려낼 만한 가치가 있다는 의미입니다. 쉽게 포기하지 마세요. 하나님도 당신을 포기하신 적이 없습니다.

스바냐 3:17

너의 하나님 여호와가 너의 가운데에 계시니

그는 구원을 베푸실 전능자이시라

그가 너로 말미암아 기쁨을 이기지 못하시며

너를 잠잠히 사랑하시며

너로 말미암아 즐거이 부르며 기뻐하시리라 하리라

....

당신을 너무 사랑하셨기에 그 사랑에 빠져 스스로 만족과 기쁨을 이기지 못해 잠잠할 수 없다고 말씀하십니다. 그러니 세상의 평가에 주눅 들지 마세요. 당신은 하나님의 사랑과 기쁨의 대상입니다. 세상 모든 이가 당신을 어떻게 평가하든 하나님께는 전혀 중요하지 않습니다. 당신의 존재만으로 하나님은 충분하다고 말씀하십니다.

갈라디아서 2:20

내가 그리스도와 함께 십자가에 못 박혔나니

그런즉 이제는 내가 사는 것이 아니요

오직 내 안에 그리스도께서 사시는 것이라

이제 내가 육체 가운데 사는 것은

나를 사랑하사 나를 위하여 자기 자신을 버리신

하나님의 아들을 믿는 믿음 안에서 사는 것이라

. . . .

당신은 '하나님이 당신 편이시며 당신을 너무 사랑하신다'는 사실을 의심 없이 믿기만 하면 됩니다.

시편 70:4

주를 찾는 모든 자들이

주로 말미암아 기뻐하고 즐거워하게 하시며

주의 구원을 사랑하는 자들이 항상 말하기를

하나님은 위대하시다 하게 하소서

. . . .

하나님이 먼저 우리를 찾지 않으면 우리는 결코 하나님을 발견할 수 없습니다. 하나님이 우리를 찾으신 이유는 단 하나, 바로 사랑입니다.[6]

59

나를 사랑하시는 가장 적극적인 표현, 고난

하나님의 가장 큰 사랑은 고난이라고 감히 말하고 싶습니다. 인정하고 싶지 않을 것입니다. 고난은 아프고 시리고 눈물겹기 때문입니다. 고난이 주는 고통의 시간이 길어질수록 더욱 강력하게 부정하고 싶을 것입니다.

"어찌 이것이 사랑이란 말인가?"

그러나 그 시간이 좀 더 길어지면 그때에야 비로소 알게 될 것입니다.

"이것이 하나님의 사랑이시구나."

아비의 사랑을 알 수 있을 만큼 충분한 고난의 시간이 없었다면 탕자는 집으로 돌아가지 않았을지 모릅니다. 당신은 지금 아버지의 사랑, 하나님의 그 크신 사랑을 깨닫는 막바지에 다다르고 있습니다. 조금만 더 견뎌 보세요. 그 크신 하나님의 사랑, 말로 다 할 수 없는 사랑, 하늘을 두루마리 삼고 바다를 먹물 삼아도 다 기록할 수 없는 그분의 사랑을 진정 깨닫게 될 것입니다.

하나님의 사랑은 변치 않습니다.

고린도후서 12:9~10

나에게 이르시기를 내 은혜가 네게 족하도다

이는 내 능력이 약한 데서 온전하여짐이라 하신지라

그러므로 도리어 크게 기뻐함으로

나의 여러 약한 것들에 대하여 자랑하리니

이는 그리스도의 능력이 내게 머물게 하려 함이라

그러므로 내가 그리스도를 위하여

약한 것들과 능욕과 궁핍과 박해와 곤고를 기뻐하노니

이는 내가 약한 그 때에 강함이라

약함을 알고서야 하나님을 찾는 연약한 존재가 인간입니다. 안타깝지만 인간은 능욕과 궁핍과 박해와 곤고를 겪고 난 뒤에야 비로소 하나님을 찾습니다. 그러나 이 과정을 통해 당신은 또 다른 하나님의 사랑을 발견해야 합니다. 당신을 너무 사랑하시기에 적절한 과정을 통해 '자람'을 기대하시는 하나님의 사랑 말입니다. 이 고난이라는 사랑이 당신을 더욱 성장하게 만들기를 기도합니다.

로마서 8:35~39

누가 우리를 그리스도의 사랑에서 끊으리요

환난이나 곤고나 박해나 기근이나 적신이나 위험이나 칼이랴

기록된 바 우리가 종일 주를 위하여 죽임을 당하게 되며

도살 당할 양 같이 여김을 받았나이다 함과 같으니라

그러나 이 모든 일에 우리를 사랑하시는 이로 말미암아

우리가 넉넉히 이기느니라

내가 확신하노니 사망이나 생명이나 천사들이나 권세자들이나

현재 일이나 장래 일이나 능력이나

높음이나 깊음이나 다른 어떤 피조물이라도

우리를 우리 주 그리스도 예수 안에 있는

하나님의 사랑에서 끊을 수 없으리라

. . . .

고난이 아무리 커도 하나님의 사랑보다 크지 않습니다. 고난이 아무리
폭풍우처럼 몰려와도 하나님의 사랑보다 무섭지 않습니다. 그의 사랑이
있다면 당신은 무엇이든 넉넉히 이길 수 있습니다.

그의 사랑을 의지하라

사랑이 힘이 되는 이유는 기댈 수 있기 때문입니다. 사랑하는 이의
어깨에 기대는 것만으로도 힘을 얻습니다. 사랑이란 이런 것입니다.
당신이 지금 의지할 것은 하나님밖에 없습니다. 다른 누구도 절대 당
신에게 어깨를 빌려주지 않습니다. 하나님의 사랑에 의지하세요. 반
석 되시고 산성 되시는 그분이 당신의 쉼터가 되어 주실 것입니다. 누
구보다 당신을 사랑하시기 때문입니다.

이사야 43:1~5

야곱아 너를 창조하신 여호와께서 지금 말씀하시느니라

이스라엘아 너를 지으신 이가 말씀하시느니라

너는 두려워하지 말라 내가 너를 구속하였고

내가 너를 지명하여 불렀나니 너는 내 것이라

네가 물 가운데로 지날 때에 내가 너와 함께 할 것이라

강을 건널 때에 물이 너를 침몰하지 못할 것이며

네가 불 가운데로 지날 때에 타지도 아니할 것이요

불꽃이 너를 사르지도 못하리니

대저 나는 여호와 네 하나님이요 이스라엘의 거룩한 이요

네 구원자임이라

내가 애굽을 너의 속량물로, 구스와 스바를 너를 대신하여 주었노라

네가 내 눈에 보배롭고 존귀하며 내가 너를 사랑하였은즉

내가 네 대신 사람들을 내어 주며 백성들이 네 생명을 대신하리니

두려워하지 말라 내가 너와 함께 하여

네 자손을 동쪽에서부터 오게 하며 서쪽에서부터 너를 모을 것이며

....

"너를 지명하여 불렀다. 내가 너를 사랑한다. 잊지 말아야 한다. 너는 내 것이다. 내 사랑은 절대 변하지 않는다." 누구에게 하시는 말씀이겠습니까. 바로 당신에게 하시는 말씀입니다.

68

아버지께서 나를 사랑하신 것 같이

나도 너희를 사랑하였으니

나의 사랑 안에 거하라

....

'거하라'로 번역된 헬라어 메이나테는 '머물러 있으라 또는 살라'는 뜻입니다. 예수님은 당신 안에 우리가 살기를 원하십니다. 그의 사랑에는 조건이나 계약이 없습니다. 그의 사랑 안에 있을 때 우리는 다시 회복됩니다. 그 사랑에 당신을 초대합니다.

하나님이 사랑하시는 것들

사랑하는 사람은 사랑하는 이의 몸짓과 언어와 숨결까지도 주목합니다. 당신을 사랑하시는 하나님은 분명 당신의 모든 것에 관심을 가지시고 주목하실 것입니다. 당신은 어떻습니까? 사랑한다면 당신도 하나님께 주목해야 합니다. 하나님의 몸짓과 언어와 숨결이 바로 말씀입니다. 당신이 주님을 사랑한다면 하나님의 계명에 집중하길 바랍니다. 그래야 당신도 하나님을 사랑할 수 있습니다.

신명기 30:16

곧 내가 오늘 네게 명령하여 네 하나님 여호와를 사랑하고
그 모든 길로 행하며 그의 명령과 규례와 법도를 지키라 하는 것이라
그리하면 네가 생존하며 번성할 것이요 또 네 하나님 여호와께서
네가 가서 차지할 땅에서 네게 복을 주실 것임이니라

. . . .

하나님은 하나님을 사랑하는 자에게 약속하셨습니다. 율법에 순종하면
생명과 공동체의 확장을 누리게 될 것입니다.

요한1서 5:2~3

우리가 하나님을 사랑하고 그의 계명들을 지킬 때에
이로써 우리가 하나님의 자녀를 사랑하는 줄을 아느니라
하나님을 사랑하는 것은 이것이니
우리가 그의 계명들을 지키는 것이라
그의 계명들은 무거운 것이 아니로다

. . . .

하나님을 사랑하는 자에게 하나님의 말씀을 지켜 행하는 것은 결코 힘들
거나 어려운 일이 아닙니다. 사랑하기 때문에 충분히 기쁨과 헌신과 순종
으로 따를 수 있습니다.

시편 119:163~165

나는 거짓을 미워하며 싫어하고

주의 율법을 사랑하나이다

주의 의로운 규례들로 말미암아

내가 하루 일곱 번씩 주를 찬양하나이다

주의 법을 사랑하는 자에게는 큰 평안이 있으니

그들에게 장애물이 없으리이다

·················

하나님을 사랑하는 것에 다른 길은 없습니다. 그분을 사랑한다면 마땅히 그분의 말씀을 사랑하고 지켜야 합니다.

03

사랑을
너에게
찾다

사랑을 너에게 찾다

인간은 언제나 진정한 사랑을 꿈꿉니다. 나를 이해하고 나를 존중하고 나를 아껴주고 나를 품어주고 나를 높여줄 수 있는 사랑. 그러나 그런 사랑은 이 세상에 없습니다. 당신이 기대하는 사랑은 이 세상에 존재하지 않는 이기적 사랑일 뿐입니다.

진정한 사랑은 당신을 사랑하는 이에게서 발견되지 않고 당신이 사랑하는 이에게서 발견되기 때문입니다. 그래서 그토록 주님이 '네 이웃을 내 몸과 같이 사랑'할 것을 말씀하신 것입니다.

"예수께서 이르시되 네 마음을 다하고 목숨을 다하고 뜻을 다하여 주 너의 하나님을 사랑하라 하셨으니 이것이 크고 첫째 되는 계명이요 둘째도 그와 같으니 네 이웃을 네 자신 같이 사랑하라 하셨으니 이 두 계명이 온 율법과 선지자의 강령이니라"(마태복음 22:37~40)

예수님은 하나님을 사랑하고 이웃을 사랑할 것을 바라십니다.

우리는 내가 아닌 너를 사랑해야만 하는 존재로 창조되었습니다. 자신만을 사랑할 수도 없거니와 자신만을 사랑해서도 안 됩니다. 아담과 하와로부터 인류는 그랬습니다. 내가 아닌 '너'에게서 사랑을 얻었고, 내가 아닌 '너'를 사랑하는 것을 통해 사랑은 완성되어 갑니다. 성경에는 언제나 내가 아닌 '너'에 대한 사랑으로 가득합니다. 요나단도 친구 다윗을 사랑하는 마음으로 아낌없이 생명을 던져 줄 수 있었고, 이방 여인 룻도 피 한 방울 섞이지 않은 어머니 나오미를 위해 함께 길을 떠날 수 있었음을 기억하십시오. 진정한 사랑을 원하십니까. 당신 주위를 돌아보세요. 아낌없이 주는 나무와 같이 아낌없이 사랑할 이들이 거기 있고, 생명을 던져 줄 이가 있고, 함께 길을 떠나 줄 이가 있을 것입니다. 그들과 함께 사랑을 찾아보세요.

사랑하는 이에게 용기 있게 하라

사랑을 찾는 이들에게 가장 위험한 순간은 사랑한다고 용기 있게 나서지 못할 때입니다. 용기만 있어도 당신의 사랑은 좀 더 풍성해질 수 있습니다. 두려워하지 말고 한걸음만 다가서 보세요. 사랑 안에는 두려움이 없고 온전한 사람은 두려움을 내쫓습니다. 용기 있는 사랑으로 하나님을 사랑하고 친구를 사랑하고 어여쁜 이들을 사랑하세요.

신명기 10:12

이스라엘아 네 하나님 여호와께서

네게 요구하시는 것이 무엇이냐

곧 네 하나님 여호와를 경외하여 그의 모든 도를 행하고

그를 사랑하며 마음을 다하고 뜻을 다하여

네 하나님 여호와를 섬기고

. . . .

모세는 질문합니다. "하나님께서 네게 요구하시는 것이 무엇이냐?"

당신은 무엇이라고 답변하겠습니까? 무엇에 용기를 내겠습니까?

시편 119:97

내가 주의 법을 어찌 그리 사랑하는지요

내가 그것을 종일 작은 소리로 읊조리나이다

. . . .

주의 말씀을 사랑하고 그 사랑으로 행동하는 것은 담대한 용기가 아니고
서는 불가능합니다. 그러나 사랑한다면 용기 있게 시작해 보세요. 아주
작은 소리부터.

이스라엘아 네 하나님 여호와께서

네게 요구하시는 것이 무엇이냐

곧 네 하나님 여호와를 경외하여

그의 모든 도를 행하고

그를 사랑하며 마음을 다하고 뜻을 다하여

네 하나님 여호와를 섬기고

내가 주의 법을 어찌 그리 사랑하는지요

내가 그것을 종일 작은 소리로 읊조리나이다

야곱이 라헬을 위하여 칠 년 동안 라반을 섬겼으나

그를 사랑하는 까닭에 칠 년을 며칠 같이 여겼더라

. . . .

사랑을 위한 행동은 물리적 시간의 장벽을 뛰어넘습니다.

다윗에 대한 요나단의 사랑이 그를 다시 맹세하게 하였으니

이는 자기 생명을 사랑함 같이 그를 사랑함이었더라

다윗이 사울에게 말하기를 마치매

요나단의 마음이 다윗의 마음과 하나가 되어

요나단이 그를 자기 생명 같이 사랑하니라

그 날에 사울은 다윗을 머무르게 하고

그의 아버지의 집으로 다시 돌아가기를 허락하지 아니하였고

요나단은 다윗을 자기 생명 같이 사랑하여 더불어 언약을 맺었으며

. . . .

사랑하면 용기가 생깁니다. 이 용기는 죽음조차 감수하게 만듭니다.

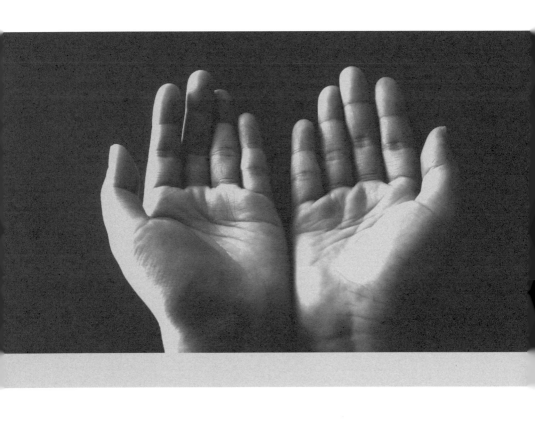

사랑한다면 용서하라

사랑이 힘든 것은 부메랑처럼 상처가 되어 돌아올 때가 있기 때문입니다. 우리는 사랑에 기뻐하는 만큼이나 상처받고 절망합니다. 상처받은 사랑은 질투와 시기가 되기 쉽습니다. 그만큼 연약한 것이 우리의 사랑입니다. "사랑은 죽음 같이 강하고 질투는 스올 같이 잔인하며 불길 같이 일어나니 그 기세가 여호와의 불과 같"(아가 8:6)다고 했습니다. 그렇다고 상처 때문에 사랑을 포기하지 마십시오. 상처는 사랑을 더욱 견고하게 만들 그 무엇입니다. 상처받는 것을 허락하는 것이 사랑입니다.[7] 하지만 그리스도인은 한걸음 더 나아가야 합니다. 그리스도인의 사랑은 상처를 허락하는 것에서 멈추지 말고, 용서하는 것까지 나아가야 합니다. 사랑은 모든 허물을 가릴 수 있으니까요.

그러므로 너희는 정신을 차리고 근신하여 기도하라

무엇보다도 뜨겁게 서로 사랑할지니

사랑은 허다한 죄를 덮느니라

· · · · · · · · · · · · · · ·

'뜨겁게'라는 단어는 헬라어로 에크테네스ektenes입니다. 영속적이고 시종
일관하다는 뜻입니다. 경주자가 전력 질주하듯 사랑해야 한다는 의미입
니다.

그러나 너희 듣는 자에게 내가 이르노니 너희 원수를 사랑하며

너희를 미워하는 자를 선대하며

너희를 저주하는 자를 위하여 축복하며

너희를 모욕하는 자를 위하여 기도하라

· · · · · · · · · · · · · · ·

세상은 원수를 미워하지만 그리스도인은 원수를 사랑하며 그들을 축복하
며 기도합니다. 대개 그들이 우리의 이웃이기 때문입니다. 비록 이해타
산에 맞지 않더라도, 예수님처럼 원수도 사랑하는 사랑이 우리의 사랑이
어야 합니다.

91

누가복음 6:32~35

너희가 만일 너희를 사랑하는 자만을 사랑하면

칭찬 받을 것이 무엇이냐

죄인들도 사랑하는 자는 사랑하느니라

너희가 만일 선대하는 자만을 선대하면

칭찬 받을 것이 무엇이냐

죄인들도 이렇게 하느니라

너희가 받기를 바라고 사람들에게 꾸어 주면

칭찬 받을 것이 무엇이냐

죄인들도 그만큼 받고자 하여 죄인에게 꾸어 주느니라

오직 너희는 원수를 사랑하고 선대하며

아무 것도 바라지 말고 꾸어 주라

그리하면 너희 상이 클 것이요

또 지극히 높으신 이의 아들이 되리니

그는 은혜를 모르는 자와 악한 자에게도 인자하시니라

· · · · · · · · · · · · · · · · · ·

그리스도인에게 사랑의 비교 대상은 하나님이어야 합니다. 하나님께서 보여주신 그 사랑, 그 사랑은 언제나 한 계단 높은 곳에 있기에 우리도 세상보다 한 계단 높은 곳을 향할 수밖에 없습니다.

93

골로새서 3:12~14

그러므로 너희는 하나님이 택하사

거룩하고 사랑 받는 자처럼

긍휼과 자비와 겸손과

온유와 오래 참음을 옷 입고

누가 누구에게 불만이 있거든

서로 용납하여 피차 용서하되

주께서 너희를 용서하신 것 같이

너희도 그리하고

이 모든 것 위에 사랑을 더하라

이는 온전하게 매는 띠니라

....

우리는 참고 용서해야 할 사명이 있습니다. 용서하는 자만이 용서를 받습니다. 우리는 이미 용서받은 자임을 생각해야 합니다. 누군가에게 원한을 품는 것은 하나님이 당신에게 오시는 다리를 무너뜨리는 것과 같습니다.[8]

95

용서할 수 있어도 사랑까지는 허락할 수 없는 것이 나약한 인간입니다. 그럼에도 사랑해야 한다고 말씀하는 것이 복음임을 잊지 마세요. 원수라도 주리거든 먹이고 목마르거든 마시게 하는 것이 예수님의 사랑입니다. 용기 내어 안아주길. 용기 내어 품어주길. 주님이 우리를 위해 십자가의 포용을 보이신 것처럼, 우리도 포용할 수 있길 기도합니다.

사랑에는 거짓이 없나니 악을 미워하고 선에 속하라

형제를 사랑하여 서로 우애하고 존경하기를 서로 먼저 하며

·················

10절의 '형제'는 '필라델피아'라는 단어를 사용합니다. 이것은 사랑이란
뜻의 필로스와 형제라는 명사 아델포스의 합성어로, 형제애로 서로 사랑
해야 함을 의미합니다. 마치 예수님께서 우리를 사랑하신 것 같이. 이런
사랑으로 우리가 예수님의 제자임을 사람들이 알게 됩니다.

로마서 12:19~20

내 사랑하는 자들아 너희가 친히 원수를 갚지 말고

하나님의 진노하심에 맡기라 기록되었으되 원수 갚는 것이

내게 있으니 내가 갚으리라고 주께서 말씀하시니라

네 원수가 주리거든 먹이고 목마르거든 마시게 하라

그리함으로 네가 숯불을 그 머리에 쌓아 놓으리라

·················

우리가 한 단계 높은 포용을 할 수 있는 이유는 하나님께 맡길 수 있기 때
문입니다. 원수 갚음은 우리에게 속한 일이 아닙니다. 그분이 심판하시고
그분이 징계하실 것입니다. 우리는 다만 그분을 끝까지 사랑할 뿐입니다.

로마서 13:10

사랑은 이웃에게 악을 행하지 아니하나니
그러므로 사랑은 율법의 완성이니라

우리가 평생 하나님과 이웃을 사랑하는 마음을 다할 수만 있다면 그 밖의 다른 법은 무의미합니다. 사랑은 허다한 모든 것을 덮을 수 있고, 다른 법은 필요 없게 만듭니다.

로마서 12:18

할 수 있거든 너희로서는 모든 사람과 더불어 화목하라

에베소서 4:2

모든 겸손과 온유로 하고
오래 참음으로 사랑 가운데서 서로 용납하고

오래 참음, '마크로투미아makrothumia'는 인간에 대한 인내를 말합니다. 크리소스토무스는 오래 참음을 말합니다. 복수할 수 있는 힘을 가지고 있으면서도 결코 복수하지 않는 정신입니다. 힘이 있어도 포용하기 위해 모욕도 굴욕도 수치도 손해도 참는 것이 사랑입니다.

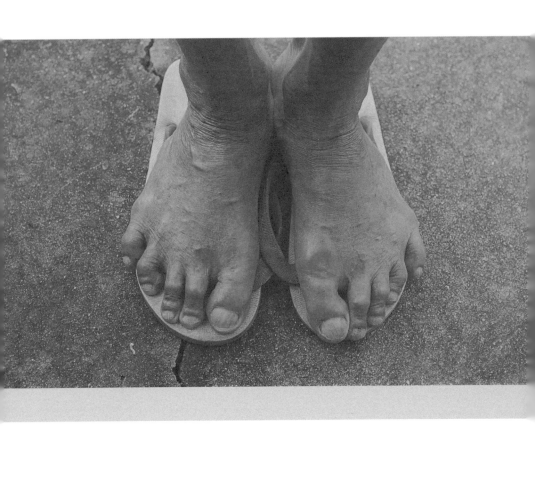

사랑한다면 돌아보라

사랑으로 서로 돌아본다는 게 말처럼 쉬운 건 아닙니다. 특히나 요즘처럼 하루하루 전쟁 같은 일상을 보내는 현대인들이 나 외에 다른 이들에게 적극적인 관심을 보인다는 것은 참으로 힘겨운 자신과의 또 다른 싸움일 것입니다. 그러나 하나님께서 성령을 통해 예수 그리스도의 승천 후 교회라는 공동체를 세우셨음에 주목해야 합니다.

그리스도인으로서 우리는 마땅히 공동체 안에서 적극적인 사랑을 실천해야 합니다. 돌아봅시다. 3포, 5포 시대에 "나 하나도 버겁다"며 외면하지 말고 지친 자, 곤비한 자, 연약한 자, 사랑이 필요한 자, 고통과 슬픔에 허덕이는 자, 차별과 신분의 벽 앞에 통곡하는 자들을 돌아봅시다. 그것이 교회입니다. 그리고 당신이 그 교회를 이루는 한 사람입니다. 모든 성도들이 돌아본다면 이 세상은 한번 살아 볼만한 곳이 되지 않을까요?

형제들아 우리가 너희에게 구하노니

너희 가운데서 수고하고

주 안에서 너희를 다스리며 권하는 자들을 너희가 알고

그들의 역사로 말미암아 사랑 안에서

가장 귀히 여기며 너희끼리 화목하라

또 형제들아 너희를 권면하노니 게으른 자들을 권계하며

마음이 약한 자들을 격려하고 힘이 없는 자들을 붙들어 주며

모든 사람에게 오래 참으라

....

사랑으로 돌아보는 것은 힘이 없고 연약한 자들을 붙들어 주는 것이며

그들을 자신과 같은 위치에까지 올려 주는 것입니다.

히브리서 10:24~25

서로 돌아보아 사랑과 선행을 격려하며

모이기를 폐하는 어떤 사람들의 습관과 같이 하지 말고

오직 권하여 그 날이 가까움을 볼수록 더욱 그리하자

베드로전서 3:8~9

마지막으로 말하노니 너희가 다 마음을 같이하여

동정하며 형제를 사랑하며 불쌍히 여기며 겸손하며

악을 악으로, 욕을 욕으로 갚지 말고 도리어 복을 빌라

이를 위하여 너희가 부르심을 받았으니

이는 복을 이어받게 하려 하심이라

· · · · · · · · · · · · · · · · · · ·

"그대 지금 사랑하여라." 베드로는 그리스도인들이 사랑으로 하나 될 것
을 권면합니다. 막힌 담을 헐고 차별과 신분과 생각의 차이를 넘어 하나
되는 것은 주님이 우리에게 보여주신 진실된 사랑으로만 가능합니다.

요한복음 13:34~35

새 계명을 너희에게 주노니

서로 사랑하라

내가 너희를 사랑한 것 같이

너희도 서로 사랑하라

너희가 서로 사랑하면

이로써 모든 사람이

너희가 내 제자인 줄 알리라

....

"서로 사랑하라." 예수님께서 마지막을 준비하시며 주신 말씀임을 기억
하세요. 마지막까지 주님은 우리가 사랑하길 기도하셨습니다.

빌립보서 2:1~5

그러므로 그리스도 안에

무슨 권면이나 사랑의 무슨 위로나

성령의 무슨 교제나 긍휼이나 자비가 있거든

마음을 같이하여 같은 사랑을 가지고

뜻을 합하며 한마음을 품어

아무 일에든지 다툼이나 허영으로 하지 말고

오직 겸손한 마음으로 각각 자기보다 남을 낫게 여기고

각각 자기 일을 돌볼뿐더러

또한 각각 다른 사람들의 일을 돌보아

나의 기쁨을 충만하게 하라

너희 안에 이 마음을 품으라

곧 그리스도 예수의 마음이니

. . . .

그리스도인들에게 가장 위협적인 일은 서로 사랑하지 않는 것입니다. 사
랑이 없으면 분열과 탐욕, 불일치와 부조화만 남게 됩니다. 바울의 간절한
사랑의 호소에 귀 기울여 보세요. 사랑이 유일한 해답입니다.

04

사랑은
그 열매로
알 수 있다

사랑은 그 열매로 알 수 있다

1990년 4월 24일 허블 우주 망원경이 우주로 발사되었습니다.

그런데 허블이 지구로 보내온 최초의 사진은 초점이 전혀 맞지 않았습니다. 15억 달러 이상의 제작비가 들어간 허블이 우주 쓰레기 신세가 될 처지에 놓이게 된 것입니다.

사랑도 마찬가지입니다. 아무리 가치 있고 의미 있는 사랑이라도 초점이 흐리면 의미가 없습니다. 의미만 없어지는 것이 아니라 왜곡되기까지 합니다. 초점이 흐려진 사랑에게 물었습니다.

"무엇을 사랑할까?"

초점 없는 사랑은 대답합니다.

"내가 가지고 있는 것보다 내가 가질 수 없는 것들을 사랑해야 한다."

그러나 이런 것들은 얻기도 쉽지 않지만, 만에 하나 얻었다 해도 사랑의 기쁨을 누릴 수 없습니다. 누린다 해도 사랑의 기쁨은 일시적일 뿐입니다.

가질 수 없는 것들에 대한 미련과 탐욕을 진정한 사랑인 것처럼 착각하지는 않는지요. 그런 사랑은 결국 허탈함만을 남깁니다. 초점을 잃은 허블이 가치를 잃게 된 것처럼 말입니다.

예수님께서도 말씀하셨습니다.

"이는 세상에 있는 모든 것이 육신의 정욕과 안목의 정욕과 이생의 자랑이니 다 아버지께로부터 온 것이 아니요 세상으로부터 온 것이라"(요한1서 2:16)

초점이 흐릿한 사랑은 가질 수 없는 것에 대한 미련과 탐욕, 아집으로 가득합니다. 사랑으로 시작했지만 육신의 정욕, 안목의 정욕, 이생의 자랑만 남기게 된다면 더 이상 '사랑'이란 단어를 쓸 수 없지 않을까요. 사랑하면서 인간이 더 깊은 슬픔과 고통에 빠지는 이유입니다. 그리스도인이라면 가질 수 없는 것들에 대한 탐심에 마음 빼앗기지 말고 당신의 시선을 돌려 보세요. 우리는 무엇을 사랑해야만 할까요. 무엇을 사랑할 수 있을까요. 하나님이 주목하시는 것들을 사랑하도록 해 보세요. 당신이 관심 가질 만한 것들을 사랑하지 말고 하나님이 관심 가질 만한 것들 말입니다.

하나님만 사랑하라. 그는 질투자라

하나님이 질투하시는 것을 알고 계시는지요. 그분은 당신의 사랑을 원합니다. 하나님 아버지께서 당신을 사랑하는 것처럼 하나님도 당신이 그분을 사랑하길 기대하십니다. 왜냐하면 그분은 사랑의 원천이기 때문입니다. 그분을 사랑하지 않고는 절대 다른 것들을 사랑할 수 없기 때문입니다. 그래서 모든 사랑은 그분을 사랑하는 것으로부터 시작됩니다.

출애굽기 20:4~6

너를 위하여 새긴 우상을 만들지 말고

또 위로 하늘에 있는 것이나 아래로 땅에 있는 것이나

땅 아래 물 속에 있는 것의 어떤 형상도 만들지 말며

그것들에게 절하지 말며 그것들을 섬기지 말라

나 네 하나님 여호와는 질투하는 하나님인즉

나를 미워하는 자의 죄를 갚되

아버지로부터 아들에게로 삼사 대까지 이르게 하거니와

나를 사랑하고 내 계명을 지키는 자에게는

천 대까지 은혜를 베푸느니라

인간이 우상 숭배에 집착하는 이유는 자신의 욕심과 탐심을 채우기 위해
서입니다. 그래서 '너를 위하여' 만들지 말 것을 명하셨습니다.

신명기 6:5

너는 마음을 다하고 뜻을 다하고 힘을 다하여

네 하나님 여호와를 사랑하라

마음이 없이 하나님을 사랑할 수 없습니다. 마음을 품어야 하나님과 대면
할 수 있습니다.

너를 위하여 새긴 우상을 만들지 말고 또 위로
하늘에 있는 것이나 아래로 땅에 있는 것이나 땅
아래 물 속에 있는 것의 어떤 형상도 만들지 말며
그것들에게 절하지 말며 그것들을 섬기지 말라
나 네 하나님 여호와는 질투하는 하나님인즉
나를 미워하는 자의 죄를 갚되 아버지로부터
아들에게로 삼사 대까지 이르게 하거니와 나를
사랑하고 내 계명을 지키는 자에게는 천 대까지
은혜를 베푸느니라

너는 마음을 다하고 뜻을 다하고 힘을 다하여
네 하나님 여호와를 사랑하라

또 누구든지 하나님을 사랑하면

그 사람은 하나님도 알아 주시느니라

·············

고린도 교회에서 우상 제물을 먹어도 되는지 안 되는지를 두고 교인들끼리 부딪침이 있었습니다. 바울은 그들에게 말합니다. 당신들이 이 문제를 놓고 씨름하기 전에 '하나님을 진정 사랑하느냐?'라는 질문에 대답해야한다고. 지적 우월감, 종교적 교만, 정죄를 목적으로 싸우지 말고, 하나님사랑에 대한 마음을 먼저 돌아볼 것을 권면하고 있습니다.

신명기 11:1

그런즉 네 하나님 여호와를 사랑하여

그가 주신 책무와 법도와 규례와 명령을 항상 지키라

·············

두 개의 명령이 나옵니다. 사랑하라, 지키라. 두 개의 동사는 히브리 어의 '계속적 와우'라는 접속사로 이어져 있습니다. 계속적 와우는 뒤 동사(지키라)를 앞 동사(사랑하라)에 연결시키는 기능을 합니다. 즉, 두 개의 동사는 분리될 수 없는 밀접한 관계로서 사랑하는 자는 지켜야 한다는 의미를 가집니다. 하나님을 사랑한다면 그의 책무, 법도, 규례, 명령을 지켜야 합니다. 그것이 사랑입니다.

너희 모든 성도들아 여호와를 사랑하라

여호와께서 진실한 자를 보호하시고

교만하게 행하는 자에게 엄중히 갚으시느니라

....

'엄중히'는 넘침, 초과라는 의미를 가집니다. 공의로우신 하나님은 하나님을 사랑하지 않고 교만한 자들을 반드시 심판하십니다.

요한복음 21:15~17

그들이 조반 먹은 후에 예수께서 시몬 베드로에게 이르시되

요한의 아들 시몬아 네가 이 사람들보다 나를 더 사랑하느냐 하시니

이르되 주님 그러하나이다 내가 주님을 사랑하는 줄 주님께서

아시나이다 이르시되 내 어린 양을 먹이라 하시고

또 두 번째 이르시되 요한의 아들 시몬아

네가 나를 사랑하느냐 하시니

이르되 주님 그러하나이다 내가 주님을 사랑하는 줄

주님께서 아시나이다 이르시되 내 양을 치라 하시고

세 번째 이르시되 요한의 아들 시몬아 네가 나를 사랑하느냐 하시니

주께서 세 번째 네가 나를 사랑하느냐 하시므로

베드로가 근심하여 이르되 주님 모든 것을 아시오매

내가 주님을 사랑하는 줄을 주님께서 아시나이다

예수께서 이르시되 내 양을 먹이라

....

예수님은 반복적으로 물으십니다. "네가 나를 사랑하느냐?"

예수님께서 베드로에게 요구하신 것은 사랑의 확증이셨던 듯합니다. 왜

냐하면 그가 사명을 온전히 감당할 것을 원하셨기 때문입니다. 주님을

온전히 사랑하지 않고서는 온전한 사명을 감당할 수 없기 때문입니다.

하나님의 정의를 이루라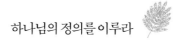

사랑은 공의 안에서 빛이 나고 공의는 사랑 안에서 완성됩니다. 공의 없는 사랑은 있을 수 없고, 사랑 없는 공의는 심판일 뿐입니다. 정의는 사랑을 품을 때 비로소 가능합니다. 하나님의 정의는 이 시대에도 살아 있는 공의입니다. 하나님을 사랑하고 세상을 사랑한다면 그의 사랑으로 정의를 이루는 당신이 되길 기원합니다.

아모스 5:14~15

너희는 살려면 선을 구하고

악을 구하지 말지어다

만군의 하나님 여호와께서

너희의 말과 같이 너희와 함께 하시리라

너희는 악을 미워하고 선을 사랑하며

성문에서 정의를 세울지어다

만군의 하나님 여호와께서

혹시 요셉의 남은 자를 불쌍히 여기시리라

131

내가 너희 절기들을 미워하여 멸시하며

너희 성회들을 기뻐하지 아니하나니

너희가 내게 번제나 소제를 드릴지라도

내가 받지 아니할 것이요

너희의 살진 희생의 화목제도

내가 돌아보지 아니하리라

네 노랫소리를 내 앞에서 그칠지어다

네 비파 소리도 내가 듣지 아니하리라

오직 정의를 물 같이,

공의를 마르지 않는 강 같이 흐르게 할지어다

- - - - - - - - - - - - - - - - - - -

아모스는 북이스라엘의 암담한 현실을 보며 회개를 촉구하고 있습니다.
"살려면 선을 구하고 선을 사랑해야 한다. 북이스라엘의 살 길은 우상 숭
배를 중단하고 살아 계신 하나님을 향함에 있다. 잊지 마라. 하나님의 정
의 없는 종교 행위와 예전은 하나님이 기뻐하시지 않는다"라고. 당신의
마음은 살아 계신 하나님을 향하고 있습니까?

133

능력 있는 왕은 정의를 사랑하느니라 주께서 공의를 견고하게
세우시고 주께서 야곱에게 정의와 공의를 행하시나이다

....

왕은 인간 왕이 아닌 세상을 지으신 만왕의 왕 여호와 하나님을 말합니
다. 왕 되신 하나님이 공의를 사랑하시고 정의와 공의를 행하십니다.

아사가 그의 하나님 여호와 보시기에 선과 정의를 행하여
이방 제단과 산당을 없애고 주상을 깨뜨리며 아세라 상을 찍고
유다 사람에게 명하여 그 조상들의 하나님 여호와를 찾게 하며
그의 율법과 명령을 행하게 하고
또 유다 모든 성읍에서 산당과 태양상을 없애매
나라가 그 앞에서 평안함을 누리니라

....

아사 왕의 1차 종교개혁입니다. 그는 하나님 보시기에 선과 정의를 행했
습니다. 역대기 기자는 아사의 하나님을 그의 하나님이라고 표현했습니
다. 그의 하나님이란 아사의 하나님이라는 의미입니다. 아사가 얼마나 하
나님을 사랑했는지 그의 삶 가운데 하나님이 어떤 분이셨는지 짐작할 수
있습니다. 그의 하나님 사랑이 종교개혁을 가능하게 했습니다. 당신의 삶
에도 하나님 사랑으로 인한 개혁이 일어나길 바랍니다.

135

하나님의 관심은 교회입니다. 교회는 건물이 아니라 공동체를 말합니다. 몸 된 교회를 통해 일하시고, 교회를 통해 세상을 변화시키시길 기대하십니다. 그래서 깨어 있는 교회만이 하나님의 사명을 감당할 수 있습니다.

하나님은 교회를 통해 당신이 회복되길 원하십니다. 힘들고 지쳐 낙망하고 쓰러져 일어설 길이 없을 때, 당신의 공동체가 하나님의 사랑으로 당신을 세울 것입니다. 그러니 공동체를 떠나지 마세요. 공동체를 통해 하나님의 깊은 사랑을 경험하게 될 것입니다. 하나님의 관심은 2000년 전이나 지금이나 한결같습니다. 바로 교회입니다.

에베소서 1:15~16

이로 말미암아 주 예수 안에서 너희 믿음과

모든 성도를 향한 사랑을 나도 듣고 내가 기도할 때에 기억하며

너희로 말미암아 감사하기를 그치지 아니하고

....

참된 교회는 그리스도를 향한 사랑과 이웃에 대한 사랑으로 표현되어야

합니다.

히브리서 13:1~2

형제 사랑하기를 계속하고 손님 대접하기를 잊지 말라

이로써 부지중에 천사들을 대접한 이들이 있었느니라

....

초대교회에는 언제나 외부의 강력한 박해가 존재했습니다. 이런 위협 앞

에서 순수 신앙을 지켜내는 것이 쉽지 않았을 것입니다. 살기 위해 필사

의 노력을 해야 했습니다. 하지만 이런 노력은 자칫 '자기 보호'라는 명분

으로 스스로 폐쇄적이 되거나 남을 쉽게 비난하고 정죄하는 쪽으로 흐르

기 쉽습니다. 당연히 형제애를 잃기 쉬웠을 것입니다. 이때 히브리서 기자

는 말합니다. "힘들고 어려울수록 신앙을 지키기 어렵고, 버거울수록 더

욱 서로를 돌아봐야 한다. 이웃에게 따뜻함을 잃지 않아야 한다. 혹 부지

중에 아브라함에게 나타난 천사를 만날지도 모른다." 당신도 힘들 것입니

다. 그럴 때에도 한결같이 형제를 사랑해야 합니다.

골로새서 1:18

그는 몸인 교회의 머리시라 그가 근본이시요

죽은 자들 가운데서 먼저 나신 이시니

이는 친히 만물의 으뜸이 되려 하심이요

예수님은 교회 공동체의 머리이십니다. 그분이 죽기까지 우리를 사랑하신 이유는 바로 교회 때문입니다. 이 하나만으로도 우리가 공동체를 사랑해야 하는 이유는 충분합니다.

소수자를 향한 하나님의 관심을 기억하라

예수님은 간음 중에 서기관과 바리새인들에게 잡힌 여자를 용서해 주셨습니다. 그녀도 주님의 피조물이고, 그녀도 주님의 사랑을 받기에 충분히 귀한 존재였기 때문입니다.

주님은 당신의 모든 것을 사랑하십니다. 당신이 주님 앞에 나오면 주님은 기꺼이 당신을 안아주실 것입니다. 하나님은 룻과 나오미도 지키셨고, 간음한 여인도, 나면서부터 걷지 못한 자도, 앞을 볼 수 없는 자도, 병들어 죽어가는 이도 아낌없이 사랑해 주셨습니다.

신명기 10:18~19

고아와 과부를 위하여 정의를 행하시며

나그네를 사랑하여 그에게 떡과 옷을 주시나니

너희는 나그네를 사랑하라

전에 너희도 애굽 땅에서 나그네 되었음이니라

....

정의를 행하신다는 의미는 재판이란 뜻에서 파생되었습니다. 인간은 억울함을 풀어줄 수 없지만 하나님은 모든 일을 공평하게 판단하실 수 있으십니다. 특히 소외된 자들의 기도를 들으시고 외면치 않으십니다.

롯기 2:11~12

보아스가 그에게 대답하여 이르되 네 남편이 죽은 후로

네가 시어머니에게 행한 모든 것과

네 부모와 고국을 떠나 전에 알지 못하던 백성에게로 온 일이

내게 분명히 알려졌느니라

여호와께서 네가 행한 일에 보답하시기를 원하며

이스라엘의 하나님 여호와께서

그의 날개 아래에 보호를 받으러 온 네게

온전한 상 주시기를 원하노라 하는지라

....

하나님의 방법은 언제나 사람입니다. 당신의 눈에 하나님의 일하심이 보이지 않는다고 그분이 아무것도 하지 않으신다고 단정하지 마시기 바랍니다. 하나님은 룻과 나오미를 위해 이미 오래전부터 보아스를 예비하셨습니다. 이처럼 하나님은 위기의 순간에 당신을 도울 자도 이미 예비하셨을지도 모릅니다. 단, 그 타이밍이 문제일 뿐입니다. 그 시간이 다가오고 있습니다.

사무엘상 22:1~2

그러므로 다윗이 그 곳을 떠나 아둘람 굴로 도망하매

그의 형제와 아버지의 온 집이 듣고

그리로 내려가서 그에게 이르렀고

환난 당한 모든 자와 빚진 모든 자와 마음이 원통한 자가

다 그에게로 모였고 그는 그들의 우두머리가 되었는데

그와 함께 한 자가 사백 명 가량이었더라

돈 있고 힘 있고 능력 있는 사람만 쓰임 받는 것이 아닙니다. 힘이 없어도, 능력이 없어도, 자질이 부족해도 하나님이 쓰시겠다고 결심하시면 조건에 상관없이 쓰임 받을 수 있습니다. 오히려 부족한 것이 훨씬 낫습니다. 부족해야 하나님이 사용하실 이유가 있기 때문입니다. 하나님은 약한 자를 강하게 하셔서 세상을 부끄럽게 하시는 분이심을 명심하세요. 그렇기에 당신의 약점은 하나님의 쓰임을 받을 완벽한 조건이 됩니다. 힘내시길 바랍니다.

누가복음 6:20~21

예수께서 눈을 들어 제자들을 보시고 이르시되

너희 가난한 자는 복이 있나니

하나님의 나라가 너희 것임이요

지금 주린 자는 복이 있나니

너희가 배부름을 얻을 것임이요

지금 우는 자는 복이 있나니

너희가 웃을 것임이요

....

예수님의 생각은 우리의 생각과 정반대일 때가 많은 것 같습니다. 가난하고 주린 자, 우는 자에게 복이 있다고 하십니다. 포기하지 마세요. 하나님의 사랑은 여전히 유효합니다.

05

하나님의
사랑법을 닮자

사랑은 요란하지 않다

사랑은 우리를 압도합니다. 우리의 의지로 통제할 수 없고 거부할 수도 없는 힘이 사랑입니다. 인간의 사랑은 다분히 이기적이거나 탐욕적으로 나타날 때가 있습니다.

그러나 그리스도의 사랑은 다릅니다. 그리스도의 사랑은 아낌없이 주는 나무와 같습니다. 모든 것을 주는 사랑입니다. 특별한 이유는 없습니다. 그냥 사랑이니까요. 그런데 그리스도인들의 사랑이 과연 예수님이 보여주신 사랑과 같을까요? 고린도전서 13장 1~3절은 예수님의 사랑과 닮지 않은 사랑에 대해 설명합니다. 주님의 사랑을 닮지 않은 사랑은 과연 어떤 모습일까요?

주님의 사랑을 닮지 않은 사랑은 세상과 같아진 사랑입니다. 1절에서 말합니다.

"내가 사람의 방언과 천사의 말을 할지라도 사랑이 없으면 소리 나는 구리와 울리는 꽹과리가 되고"

소리 나는 구리와 울리는 꽹과리는 이교도의 예배 형태를 의미합니다. 디오니소스와 여신 시빌라 숭배 때 꽹과리를 시끄럽게 치거나,

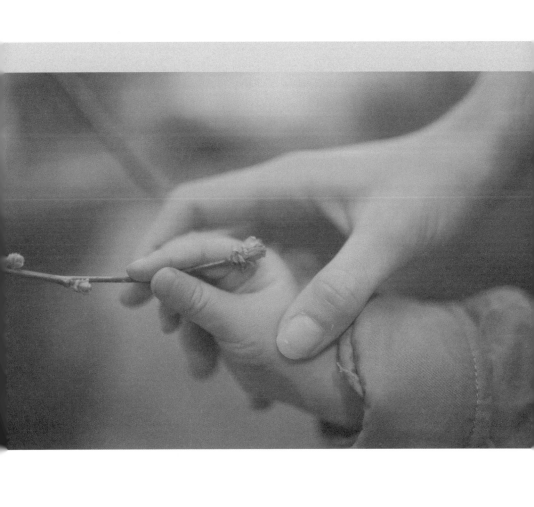

나팔을 요란하게 불었다고 합니다. 사랑이 없으면 이교도들의 예배와 같아진다는 의미로 해석할 수 있습니다. 꽹과리를 치고 징을 치는 것과 같은 요란함은 있지만 진정한 그리스도의 사랑이 없기에 아무 의미가 없다는 뜻입니다. 그리스도인들에게도 주님의 사랑이 없다면 그들과 구분이 안 됩니다. NLT성경에는 "didn't love others, I would only be a noisy gong(사랑이 없으면 소음이다)."라고 되어 있습니다.

세상과 다른 것이 그리스도의 사랑입니다. 아낌없이 주고 대가를 바라지 않는 사랑, 그 순수함과 깊이감이 존재하는 사랑이 예수님이 보여주신 참된 사랑입니다. 예수님의 사랑에는 어떤 요구도 없습니다. 단지 사랑일 뿐입니다.

하와이 뉴 호프 크리스천 펠로우십 교회의 웨인 코데이로 목사에게 하와이에서 교회를 개척하려는 한 목회자가 찾아왔습니다.

그 목회자는 "자기 교단에서 전폭적으로 투자해 하와이를 대표할 교회를 개척하고자 하는데 어떻게 하면 좋겠습니까?"라고 물었습니다.

코데이로 목사는 잠시 생각하더니, 오히려 질문을 던졌습니다.

"교단에서 교회 개척을 위해 아낌없이 투자한다니 참 감사합니다. 한 가지만 여쭙겠습니다. 목사님은 아시아계와 폴리네시아 사람들을 사랑하십니까?"

그 목회자는 대답했습니다.

"그들은 지구상에서 가장 살기 좋은 곳에 사는 사람들이지요. 하와이는 그야말로 천국이지요."

목사는 다시 질문했습니다.

"이 지역 사람들을 사랑하십니까?"

그 목회자는 대답했습니다.

"해변도 좋고, 가족들이 놀기에도 좋습니다."

사람들을 사랑하느냐고 질문했지만 장소를 사랑한다는 대답뿐이었습니다.

결국 코데이로 목사는 "이곳에 또 다른 교회는 필요없습니다"라고 말했습니다.

코데이로 목사의 만류에도 젊은 목회자는 교단의 도움으로 교회를 개척했으나 3년 만에 문을 닫았습니다. 자본도 기술도 방법론도 문제가 아니었습니다. 사랑이 문제였습니다. "영혼을 사랑하십니까?" "사람을 사랑하십니까?"

지금 시대는 사람보다 돈이 먼저입니다. 돈을 벌기 위해 사랑하는 척하기도 합니다. 사랑하는 척, 관심 있는 척, 걱정하는 척. 하지만 그리스도인의 사랑은 사랑에서 시작해서 사랑으로 끝나야 합니다. 전부 사랑이어야 합니다. 그런 점에서 세상의 논리와는 완전히 다릅니다. 지금 우리에게는 이런 사랑이 간절합니다. 서로를 위해 아낌없이 줄수 있고 죽을 수 있는 사랑. 사랑은 계산하는 것이 아닙니다. 거짓도 없고 허세도 없는 그런 사랑이어야 합니다. 이런 사랑이 어떻게 요란할 수 있겠습니까.

사랑은 가치다

사랑이 있을 때에만 가치 있는 일이 된다는 사실을 아시는지요? 고린도전서 13장 2절입니다.

"내가 예언하는 능력이 있어 모든 비밀과 모든 지식을 알고 또 산을 옮길 만한 모든 믿음이 있을지라도 사랑이 없으면 내가 아무 것도 아니요"

2절은 사랑이 없는 세 부류를 보여줍니다. 첫 번째 부류는 사랑이 없는 예언자, 두 번째 부류는 사랑이 없는 지식인, 세 번째 부류는 사랑이 없는 믿음의 사람입니다.

사랑이 없이 예언하면 어떤 일이 발생할까요?

"당신은 앞으로 이렇게 될 거야. 당신은 죽을 수도 있어. 내가 당신의 죽음을 봤어. 죽고 싶지 않으면 내가 시키는 대로 해야 할 거야. 내 말 들어." 이런 위협과 협박이 사이비 종교에서 흔히 일어납니다.

사랑이 없는 지식인은 속물이 됩니다. 지식은 남에게 기여하고 가치 있게 쓰여야 합니다. 그런데 사랑이 없는 지식은 거들먹거리고 무시하고 깔보며 멸시하는 무기가 됩니다. 당신이 가진 지식이 가치 있게 쓰임 받은 것인지 답을 할 수 있어야 합니다. 답을 못하는 사람은 사랑 없이 지식만 쌓은 것이고, 자기애로 뭉친 사람일 뿐입니다. 받은 만큼 돌려주는 것이 그리스도인의 정신입니다. 사랑이 없으면 배려도 사라집니다. 결과적으로 사랑이 없으면 악한 사람이 됩니다. 모든 은사의 가치가 없어집니다. 교만해지고, 자기밖에 모르고, 사람을 사람으로 대하지 않는 인간이 되는 것입니다.

하나님께서 각자에게 맞는 은사를 주셨습니다. 예언의 은사, 지적 탐구의 은사, 믿음의 은사, 구제의 은사, 섬김의 은사. 이외에도 많은 은사가 있습니다. 왜 주셨겠습니까? 기여하고 가치 있는 인생으로 쓰임 받으라고 주신 것입니다. 허세 부리라고, 교만하라고 주신 것이 아닙니다. 무엇보다 중요한 것이 주님으로부터 흘러나오는 사랑입니다. 사랑해야 기여하는 인생을 살 수 있습니다. 사랑을 먼저 회복해야 합니다. 내 안에 주님의 사랑이 넘쳐야 합니다. 그러면 그때부터 가치 있고 의미 있는 삶, 복음을 위해 사는 삶, 생명을 살려내는 삶을 살 수 있습니다.

body were an
were the hearing?
were hearing,
the smelling?
now hath God set the
every one of them in
body, as it hath pleased

and if they were all
where were

but now are they
yet but one body
and the eye cannot
the hand, I have no need
nor again the head to
I have no need of you.
much more those
of the body, which
be more feeble, are

those members of
which we think to be
honourable, upon these
bestow more abundant
and our uncomely
have more abundant

28 And God
the church,
ondarily
teachers, a
then gifts
governmen
tongues.
29 Are
phets?
worke
30 Hav
d
in ques
Bu
best gif
you a

TH
tongu
and I
com
tink
2
of
all
ed
fa

...peal...

ers,
hat min
ealings, hel
diversities

postles? are
all teachers? are
miracles?
the gifts of heal-
ll speak with
all interpret?
yet earnestly the
nd yet shew I unto
excellent way.

HAPTER 13

H I speak with the
f men and of angels,
not charity, I am be-
sounding brass, or a
cymbal.
though I have the gift
hecy, and understand
teries, and all knowl-
nd though I have all
so that I could remove
ains, and have not char-

wh
aw
spa
as a di
but w
put aw
12. For
glass,
face: now
then shall
I am kno
13. And
hope, c
the gre

내가 먼저 사랑하면 된다

사랑은 기쁘지만 힘듭니다. 사랑에는 아픔이 따르기 때문입니다. 사랑이 아픈 이유는 내 안의 나와 싸워야 하기 때문입니다. 우리가 사랑하지 못하는 것은 내 안의 또 다른 나로 인해서입니다. 그리스도인은 영적이며 내적인 싸움을 해야 합니다. 내 안의 나와의 싸움에 대해 고린도전서 13장 4절은 말합니다.

"사랑은 오래 참고 사랑은 온유하며 시기하지 아니하며 사랑은 자랑하지 아니하며 교만하지 아니하며"

사랑은 내가 싫어하는 것들을 참아냅니다. 사람에 대한 인내나 주위의 상황에 대한 인내를 말하는 것이 아닙니다. 요즘 사람들은 오래 참는 것에 익숙하지 않습니다. 무엇이든 빨라야 합니다. 기도를 해도 즉답이어야 합니다. 오래 참아보세요. 예수님이 제자들을 기다리셨음을 기억하세요. 제자들이 주님을 배신하고 욕해도 기다리셨습니다. 모든 것에는 때가 있습니다. 하나님의 때까지 기다릴 줄 알아야 합니다.

"사랑은 온유다." 오리게네스가 한 말입니다. 온유는 모든 사람에 대해 즐거운 것입니다. 제롬은 인자함이라고도 했습니다. 선량하지만 친절하지 못한 기독교가 한국교회의 현실입니다. 선하지만 친절하지 못합니다. 진정한 온유에 대해 생각해 보길 권합니다.

사랑은 시기하지 않습니다. 사랑은 질투하거나 투기하지 않습니다. 세상에는 백만장자와 백만장자가 되고 싶은 두 부류의 인간만 있다는 농담 섞인 이야기가 있습니다. 인간에게는 물건 자체를 욕심내기보다는 남이 그것을 갖지 못하기를 바르는 마음이 있습니다. '필요 없지만 남 주기는 싫다. 남을 주느니 차라리 버리는 것이 낫다'고 여기는 마음이 시기의 마음입니다. 이것은 사랑이 아닙니다.

사랑은 자랑하지 않습니다. 언제나 자신의 가치보다 자신의 부족함을 강하게 인식합니다. 준 것에 대한 자랑보다 주지 못한 것에 대한 겸손이 필요합니다. 성경에도 주는 것이 받는 것보다 복되다 하지 않았습니까.

사랑은 교만하지 않습니다. 스스로 높이지 않는다는 의미입니다. 우리는 남이 말을 꺼내기도 전에 스스로 자기를 높이곤 합니다. "이거 내가 했어"라고 자랑하고 싶어 합니다. 우리 그리스도인의 바른 태도는 "하나님이 하셨습니다. 하나님이 이루셨습니다. 하나님이 도와주셨습니다"이어야 합니다.

사랑은 모든 것을 믿습니다. 사랑에는 믿음이 포함되어 있습니다. 사랑은 모든 것을 바랍니다. 가망 없는 인간이란 이 세상에 한 사람도 없습니다. 당신은 사랑받기 위해 태어난 존재이지 않습니까.

사랑은 불의를 기뻐하지 않습니다. 대부분의 사람들이 다른 사람이 행복하게 되었다는 이야기보다는 불행에 빠졌다는 이야기를 듣기 좋아한다고 합니다. 우리 내면 깊숙한 곳에서 타인의 불행을 즐긴다면 그것을 어찌 사랑이라 하겠습니까.

사랑은 진리를 기뻐하고 모든 것을 참습니다. 그뿐만 아니라 사랑은 감싸고 덮습니다. 타인의 결점과 잘못을 드러내지 않고, 조용히 교정할 뿐입니다. 하지만 우리는 바로잡는다는 이유로 모욕하고 무례를 서슴지 않기도 합니다. 자신이 없다면 사랑으로 덮는 것도 좋습니다. 교정하려 하지 말고 사랑하세요. 주님이 함께하실 것입니다.

사랑은 모든 것을 견딥니다. 소극적인 참음이 아니라 견디어 나가면서 그것을 극복하고 변화시키는 것을 말합니다.

사랑은 무례히 행하지 않습니다. 5절입니다.

"무례히 행하지 아니하며 자기의 유익을 구하지 아니하며 성내지 아니하며 악한 것을 생각하지 아니하며"

기독교의 사랑에는 우아함이 있습니다. 무례하지 않은 사랑이 바로 미덕이고 아름다움입니다. 사랑은 자신의 이익을 구하지 않습니다. 자신의 권리를 늘 생각하는 사람과 자신의 의무를 늘 생각하는 사람 중에서 당신은 어느 쪽인가요. 사랑한다면 이익을 좇지 말고 의무를 져야 합니다.

사랑은 성내지 않습니다. 우리 사회가 분노 사회가 되었다고 합니다. 그리스도의 사랑을 간직한 사람은 다른 사람들에 대해 결코 분노하지 말아야 합니다. 분노하기 쉬운 세상에서 분노하지 않는 영적 지혜는 오직 사랑으로부터만 시작될 수 있음을 알아야 합니다.

이 모든 것이 바로 예수님의 모습입니다. 예수님이 실제로 사랑하셨던 모습입니다. 우리가 그의 제자라면 그를 닮아야 하지 않을까요.
그분의 사랑을.

내가 사람의 방언과 천사의 말을 할지라도

사랑이 없으면 소리 나는 구리와 울리는 꽹과리가 되고

내가 예언하는 능력이 있어 모든 비밀과 모든 지식을 알고

또 산을 옮길 만한 모든 믿음이 있을지라도

사랑이 없으면 내가 아무 것도 아니요

내가 내게 있는 모든 것으로 구제하고 또 내 몸을 불사르게

내줄지라도 사랑이 없으면 내게 아무 유익이 없느니라

사랑은 오래 참고 사랑은 온유하며 시기하지 아니하며

사랑은 자랑하지 아니하며 교만하지 아니하며

무례히 행하지 아니하며 자기의 유익을 구하지 아니하며

성내지 아니하며 악한 것을 생각하지 아니하며

불의를 기뻐하지 아니하며 진리와 함께 기뻐하고

모든 것을 참으며 모든 것을 믿으며 모든 것을 바라며

모든 것을 견디느니라

내가 사람의 방언과 천사의 말을 할지라도
사랑이 없으면 소리 나는 구리와 울리는 꽹과리가
되고 내가 예언하는 능력이 있어
모든 비밀과 모든 지식을 알고 또 산을 옮길 만한
모든 믿음이 있을지라도 사랑이 없으면 내가 아무
것도 아니요 내가 내게 있는 모든 것으로 구제하고
또 내 몸을 불사르게 내줄지라도
사랑이 없으면 내게 아무 유익이 없느니라
사랑은 오래 참고 사랑은 온유하며 시기하지
아니하며 사랑은 자랑하지 아니하며 교만하지
아니하며 무례히 행하지 아니하며 자기의 유익을
구하지 아니하며 성내지 아니하며 악한 것을
생각하지 아니하며 불의를 기뻐하지 아니하며
진리와 함께 기뻐하고 모든 것을 참으며 모든 것을
믿으며 모든 것을 바라며 모든 것을 견디느니라

사랑은 언제까지나 떨어지지 아니하되

예언도 폐하고 방언도 그치고 지식도 폐하리라

우리는 부분적으로 알고 부분적으로 예언하니

온전한 것이 올 때에는 부분적으로 하던 것이 폐하리라

내가 어렸을 때에는 말하는 것이 어린 아이와 같고

깨닫는 것이 어린 아이와 같고 생각하는 것이 어린 아이와 같다가

장성한 사람이 되어서는 어린 아이의 일을 버렸노라

우리가 지금은 거울로 보는 것 같이 희미하나

그 때에는 얼굴과 얼굴을 대하여 볼 것이요

지금은 내가 부분적으로 아나 그 때에는

주께서 나를 아신 것 같이 내가 온전히 알리라

그런즉 믿음, 소망, 사랑, 이 세 가지는 항상 있을 것인데

그 중의 제일은 사랑이라

사랑은 언제까지나 떨어지지 아니하되

예언도 폐하고 방언도 그치고 지식도 폐하리라

우리는 부분적으로 알고 부분적으로 예언하니

온전한 것이 올 때에는 부분적으로 하던 것이

폐하리라

내가 어렸을 때에는 말하는 것이 어린 아이와 같고

깨닫는 것이 어린 아이와 같고 생각하는 것이 어린

아이와 같다가 장성한 사람이 되어서는

어린 아이의 일을 버렸노라

우리가 지금은 거울로 보는 것 같이 희미하나

그 때에는 얼굴과 얼굴을 대하여 볼 것이요

지금은 내가 부분적으로 아나 그 때에는

주께서 나를 아신 것 같이 내가 온전히 알리라

그런즉 믿음, 소망, 사랑, 이 세 가지는 항상 있을

것인데 그 중의 제일은 사랑이라

미주

1) 박종호.

2) 도널드 그레이 반하우스; 존 로즈, 『1001가지 기독교 명언』, 디모데.

3) 아우구스티누스; 존 로즈, 앞의 책에서.

4) 설경욱.

5) 안셀름 그륀, 『사랑 언제까지나 스러지지 않는』, 분도출판사.

6) 티머시 켈러, 마르지 않는 사랑의 샘, 베가북스.

7) 공지영, 사랑은 상처를 허락하는 것이다, 폴라북스.

8) 피터 마셜; 존 로즈, 앞의 책에서.

내가 주의 법도들을 작은 소리로 읊조리며

주의 길들에 주의하며 주의 율례들을 즐거워하며

주의 말씀을 잊지 아니하리이다

시편 119:15~16

하나님은 사랑이시라

지은이 | 최현식

1판 1쇄 인쇄 | 2015년 10월 5일
1판 1쇄 발행 | 2015년 10월 15일

펴낸곳 | (주)지식노마드
펴낸이 | 김중현
기획·편집 | 김중현
등록번호 | 제313-2007-000148호
등록일자 | 2007. 7. 10
서울특별시 마포구 동교동 204-54 태성빌딩 3층 (121-819)
전화 | 02) 323-1410
팩스 | 02) 6499-1411
홈페이지 | knomad.co.kr
이메일 | knomad@knomad.co.kr

값 11,500원

ISBN 978-89-93322-85-9 04230
ISBN 978-89-93322-84-2 (세트)

주문·영업 관리 | ㈜ 북새통
전화 | 02) 338-0117
팩스 | 02) 338-7160~1